L'autobus magique
dans la ruche

L'autobus magique dans la ruche

Texte de Joanna Cole   Illustrations de Bruce Degen

Texte français de Lucie Duchesne

Les éditions Scholastic

L'auteure et l'illustrateur tiennent à remercier le professeur Mark L. Winston,
du département de Sciences biologiques de l'université Simon Fraser, Colombie-Britannique (Canada),
pour l'aide qu'il leur a apportée dans la préparation de ce livre.

Ils remercient aussi, pour leurs judicieux conseils et leur aide, Ray Pupedis,
division de l'entomologie, musée Yale-Peabody d'histoire naturelle, New Haven, Connecticut (É.-U.)
Eric H. Erickson, directeur du centre de recherche Carl Haden sur les abeilles, Tucson, Arizona (É.-U.)
et Mark Richardson, qui nous a si gentiment invités à visiter son rucher.

Données de catalogage avant publication (Canada)

Cole, Joanna
L'autobus magique dans une ruche

Traduction de : The magic school bus inside a beehive.
ISBN 0-439-00403-9

1. Abeille - Ouvrages pour la jeunesse. 2. Ruches - Ouvrages pour la jeunesse.
I. Degen, Bruce. II. Duchesne, Lucie. III. Titre.

QL568.A6C6414 1998 j595.79'9 C98-930733-6

Édition publiée par Les éditions Scholastic,
175 Hillmount Road, Markham (Ontario) Canada, L6C 1Z7

4321 Imprimé aux États-Unis 89/9012340

L'illustrateur a utilisé l'encre, l'aquarelle, le crayon et la gouache
pour réaliser ce livre.

À mon chéri, Phil.

J.C.

À Will Tressler et Jim Setz,
et à toutes les abeilles
laborieuses qui construisent
notre nouvelle ruche.

B.D.

«Quelle belle journée de printemps!» s'exclame Mᵐᵉ Friselis en regardant par la fenêtre. Nous aussi, nous trouvons que c'est une belle journée... idéale pour jouer dehors! Mais Frisette a d'autres projets. «Une journée idéale pour observer les abeilles.»

Nous avons étudié presque toutes les espèces d'insectes. Et Mme Friselis nous apprend qu'elle connaît un apiculteur qui nous montrera ses ruches.

BZZZ!

Bzzz!

Cesse de bourdonner!

QUELQUES ESPÈCES D'ABEILLES
par Florence

Il existe plus de 20 000 espèces différentes d'abeilles.

En voici quelques-unes :

Abeille domestique

Bourdon

Abeille charpentière

Augochloropsis metallica

Criquet

Libellule

Goliath royal

Moustique

7

«L'apiculteur va voir ses ruches, aujourd'hui.
Nous le rencontrerons là-bas», décide Frisette
en ouvrant la porte.

Sois curieux

La vie des bestioles rampantes
par Marin Gouin

La vie des abeilles
par Lucie Ole

Les papilles gustatives des papillons sont au bout de leurs pattes.

LE SAVAIS-TU?
Tous les insectes sont couverts d'une couche dure, un peu comme nos ongles : une petite armure.

INCROYABLE MAIS VRAI :
Chaque œil de l'abeille est fait de 7 000 yeux minuscules.

Ce sera peut-être une excursion normale, pour faire changement.

Je ne trouve pas normal d'avoir 6 pattes.

C'est normal pour un insecte.

Scarabée

Pendant que nous montons à bord de l'autobus, Mme Friselis parle sans relâche des abeilles domestiques.

«Elles fabriquent un aliment délicieux, dit-elle. Elles aident beaucoup de plantes à survivre. Et elles sont un merveilleux exemple d'insectes sociaux.»

Les abeilles sont mes insectes préférés.

Quel est ton insecte préféré, Jérôme?

... Je ne suis pas du genre à avoir un insecte préféré.

Les fourmis font leurs nids dans le sol.

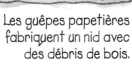

Les guêpes papetières fabriquent un nid avec des débris de bois.

Les bourdons font leurs nids dans le sol, dans des trous tapissés d'herbe.

Les termites font leurs nids dans des arbres ou construisent des termitières en terre.

9

POURQUOI LES ABEILLES PIQUENT-ELLES?

par Pascale

C'est en piquant que les abeilles protègent leur ruche. D'habitude, les abeilles piquent seulement si elles se sentent menacées.

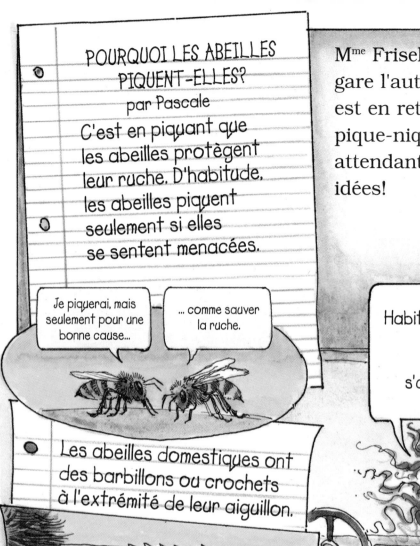

Je piquerai, mais seulement pour une bonne cause...

... comme sauver la ruche.

Les abeilles domestiques ont des barbillons ou crochets à l'extrémité de leur aiguillon.

Aiguillon   Barbillon

Lorsqu'une abeille domestique pique, son aiguillon reste pris dans la peau de sa victime. L'aiguillon est éjecté du corps de l'abeille, et celle-ci meurt.

Mme Friselis nous amène à la campagne et gare l'autobus près des ruches. L'apiculteur est en retard, alors Frisette sort un panier de pique-nique. «Prenons un rafraîchissement en attendant». Parfois, notre prof a de bonnes idées!

Sois prudent!

Habituellement, les abeilles ne piquent pas, sauf si on les touche, si on les dérange ou si on s'approche trop de leur ruche.

Est-ce qu'on pourrait fermer la fenêtre?

Mais au moment où elle ouvre un pot de miel son coude accroche un étrange petit levier. Le pot de miel tombe par terre, et nous entendons un étrange bourdonnement.

C'est l'autobus qui se met à vibrer et à rapetisser. Et ce qu'il contient aussi — y compris nous !

LES ALLERGIES AUX PIQÛRES D'ABEILLE
par Raphaël

Lorsqu'elles se font piquer par une abeille, certaines personnes sont très malades et peuvent même mourir. Elles doivent porter sur elles en tout temps un médicament spécial.

11

LES RUCHES À TRAVERS LES ÂGES
par Thomas

Les abeilles sauvages ont toujours fait leurs maisons dans des troncs creux.

Les ruches fabriquées par les humains sont faites de paille, de poterie ou de bois.

Paille

Bois

Poterie

Arbre

Pendant ce temps...

Oh oh!

LES ABEILLES D'ALBERT

...venant de l'ouest

Avant même que nous nous en rendions compte, l'autobus ressemble à une petite ruche et nous ressemblons à de vraies abeilles. Eh oui! «Tous dehors, les enfants», bourdonne Frisette.

En abeille, tout le monde!

Est-ce qu'on a le choix?

Arrête de m'accrocher avec tes antennes!

Cesse de marcher sur mon aile!

Ça n'arrive pas dans les classes ordinaires!

Un par un, nous sortons de l'autobus et nous regardons la ruche la plus proche. À l'entrée, des abeilles ouvrières montent la garde.
«Les sentinelles empêchent les abeilles d'autres ruches de pénétrer.»

ENTRÉE

Sentinelle en position pour éloigner les intrus.

D'après ma recherche, les sentinelles mordent et piquent les abeilles étrangères.

Sommes-nous des «abeilles étrangères»?

Sans aucun doute!

LE GRAND LIVRE DES ABEILLES d'Hélène-Marie

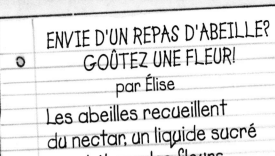

ENVIE D'UN REPAS D'ABEILLE? GOÛTEZ UNE FLEUR!
par Élise

Les abeilles recueillent du nectar, un liquide sucré produit par les fleurs. Elles recueillent aussi dans les fleurs du pollen, de petites graines colorées.

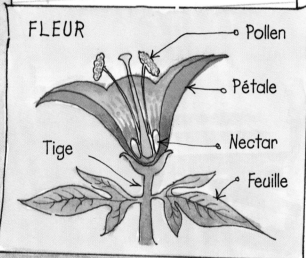

FLEUR

- Pollen
- Pétale
- Tige
- Nectar
- Feuille

«Il n'y a qu'une occasion où les sentinelles peuvent laisser entrer une abeille étrangère, explique Mme Friselis. Parfois, une ruche peut "adopter" une abeille égarée, si elle transporte beaucoup de nourriture pour les abeilles. Toute leur nourriture vient des fleurs.»

Les abeilles ne mangent que du nectar et du pollen, ainsi que la nourriture qu'elles fabriquent à partir du nectar et du pollen.

Quoi? Pas de chocolat?

L'abeille moyenne va dans des milliers de fleurs chaque jour.

À quand notre tour?

«Pour avoir accès à l'entrée de la ruche, nous devons d'abord aller dans des fleurs et recueillir de la nourriture pour les abeilles. Suivez cette abeille!» lance Frisette. Nous volons derrière une abeille qui descend vers des fleurs aux couleurs éclatantes.

Pendant ce temps...

...venant de l'est

Mais qu'est-ce qu'elle veut dire par «avoir accès à l'entrée de la ruche»?

Elle veut dire «y entrer»!

C'est ce que je craignais...

J'aime voler!

Tu m'énerves!

15

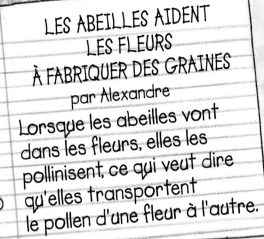

LES ABEILLES AIDENT LES FLEURS À FABRIQUER DES GRAINES
par Alexandre

Lorsque les abeilles vont dans les fleurs, elles les pollinisent, ce qui veut dire qu'elles transportent le pollen d'une fleur à l'autre.

Pollen

Réceptacle

Ovule fertilisé

Ovaire

Jabot

Langue

Nectar

Lorsqu'un grain de pollen atteint un ovule dans une fleur, une graine commence à croître.

La plupart des plantes ne peuvent pas faire de graines si une abeille ne pollinise pas leurs fleurs.

Je veux une abeille!

«Observez notre abeille, les enfants, et faites exactement comme elle», dit Mme Friselis. L'abeille enfonce profondément dans une fleur sa longue langue qui ressemble à un tube et en aspire le nectar. «L'abeille transporte le nectar dans une poche qui s'appelle le jabot», explique Frisette. Nous, nous le transportons dans une petite bouteille.

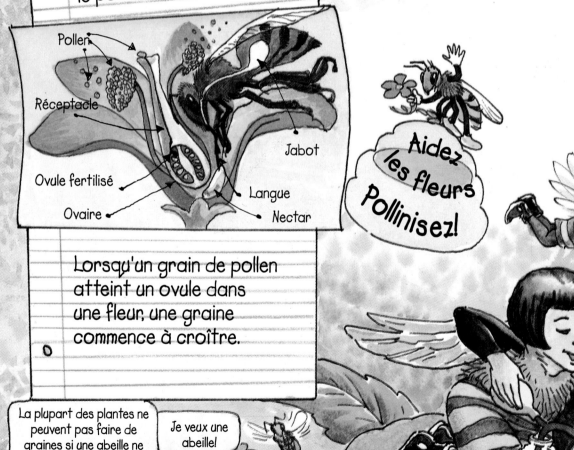

Aidez les fleurs Pollinisez!

Comme une abeille, recueille du nectar et du pollen!

Des grains de pollen se détachent de la fleur et adhèrent aux poils de l'abeille. Avec ses pattes antérieures et médianes, elle recueille le pollen et l'entasse dans des corbeilles à pollen, des poches sur ses pattes postérieures. Ensuite, elle retourne à la ruche. Nous entassons notre pollen et nous la suivons.

LES ABEILLES AIDENT À FABRIQUER DES ALIMENTS POUR LES HUMAINS
par Christophe
Les abeilles pollinisent de nombreux végétaux que nous mangeons.

Pomme

Bleuet

Courge

Orange

Dans mon ancienne école, on ne faisait pas ça.

Si on en a assez, les abeilles ne nous piqueront peut-être pas.

J'en ai même trop!

Corbeille à pollen

Corbeille à pollen

Il faut des abeilles!

17

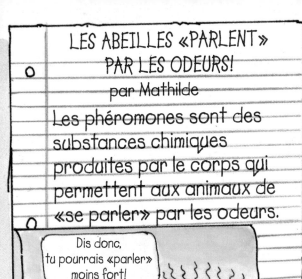

LES ABEILLES «PARLENT» PAR LES ODEURS!

par Mathilde

Les phéromones sont des substances chimiques produites par le corps qui permettent aux animaux de «se parler» par les odeurs.

> Dis donc, tu pourrais «parler» moins fort!

Grâce aux phéromones, les abeilles s'envoient des messages, comme :

«Je vis dans la même ruche.»

«Je suis une étrangère.»

«Je suis une ouvrière.»

«Je suis la reine.»

«Attention! Danger!»

«Défendez la ruche!»

Les abeilles ne parlent pas avec des mots, mais elles communiquent entre elles.

Un par un, nous atterrissons à la ruche. Frisette nous vaporise d'une phéromone d'abeille, une substance chimique sécrétée par l'abeille. Maintenant, nous avons la même odeur que les abeilles. Mais la partie n'est pas gagnée...

Soyez braves!

> Les enfants, une ruche peut abriter jusqu'à 60 000 abeilles.

> Et si elles remarquent que nous ne sommes pas de vraies abeilles?

> Encore un peu s'il vous plaît, Mme Friselis.

Nous retenons notre respiration pendant que les sentinelles nous frottent avec leurs antennes, pour nous sentir. Si notre ruse fonctionne, nous pourrons entrer dans la ruche. Mais si ça ne fonctionne pas, nous aurons de sérieux problèmes!

Nous courons un gros risque.

À qui le dis-tu!

TÂCHES

☑ Garder l'entrée
☑ Nettoyer la ruche
☑ Construire des rayons
☑ Faire du miel
☑ Agiter les ailes pour rafraîchir la ruche
☑ S'occuper de la reine
☑ Nourrir les petits
☑ Recueillir du pollen et du nectar

QUI FAIT QUOI DANS LA RUCHE?
par Damien

Dans une colonie d'abeilles domestiques, on trouve trois castes, ou types, d'abeilles :

1. La reine : son rôle est de pondre des œufs, encore des œufs, toujours des œufs.

Reine

2. Les ouvrières sont toutes des femelles qui ne pondent généralement pas. Les ouvrières font presque tout le travail dans la ruche.

3. Les faux bourdons sont tous mâles. Le seul rôle d'une abeille mâle est de s'accoupler avec une reine.

Ouvrière   Faux bourdon

19

LES SECTIONS DE LA RUCHE

par Simone

Toit

Toiture

Hausse (contient le miel de trop que nous mangeons)

Grille à reine (maintient la reine dans les sections inférieures)

Cadre avec rayons

Alvéoles (contiennent les larves, du miel et du pollen)

Corps de ruche

Entrée

Coulisse d'entrée

Nous sommes ici

Pendant ce temps...

LES ABEILLES D'ALBERT

EAU

...venant de l'ouest

Les sentinelles sentent notre odeur d'abeille et notre nourriture pour abeilles. Elles nous laissent entrer!
D'autres ouvrières prennent notre nectar et le mettent dans les alvéoles. «Youpi! s'exclame Mme Friselis. Nous pouvons explorer la ruche!»

La première chose que nous apercevons est notre abeille. Elle danse d'une drôle de façon. D'autres abeilles se rassemblent autour d'elle, la touchent et l'écoutent. Mme Friselis nous dit que cette danse est un langage. Par sa danse, l'abeille «explique» aux autres la façon de se rendre vers les fleurs qu'elle a trouvées.

Notre abeille

Pendant ce temps...

SNIF SNIF

...venant de l'est

LA DANSE CIRCULAIRE
par Philippe

Cette danse explique aux abeilles qu'une source de nourriture est <u>près</u> de la ruche. L'abeille danse en cercle, puis se retourne et danse dans le sens contraire.

Les autres abeilles sortent et volent en cercle près de la ruche jusqu'à ce qu'elles trouvent les fleurs.

Ruche

Grâce à la danse, les abeilles atteignent la nourriture plus rapidement. Elles ne perdent pas de temps à la trouver. Elles s'envolent dans la direction des fleurs où nous sommes allés.

Les abeilles ont plusieurs danses.

Chaque danse «explique» une chose en particulier.

LE GRAND LIVRE DES ABEILLES d'Hélène-Marie

De nouvelles abeilles se rassemblent autour de notre abeille pour connaître les «nouvelles» de dernière heure. Nous les quittons pour nous enfoncer plus loin.

Ce langage chorégraphique est une merveille, tu ne trouves pas, Jérôme

La merveille, ce serait de trouver la sortie.

LA DANSE FRÉTILLANTE
par Carmen

Cette danse explique aux abeilles qu'une source de nourriture se trouve au loin. Elle explique aussi dans quelle direction voler.

L'abeille qui danse trace des huit. Elle se tortille sur la ligne du milieu.

1. Si l'abeille frétille à la verticale, les autres abeilles voleront en ligne droite vers le Soleil.

2. Si l'abeille frétille vers la gauche, les autres voleront vers la gauche du Soleil.

3. Si l'abeille frétille vers la droite, les autres voleront vers la droite du Soleil.

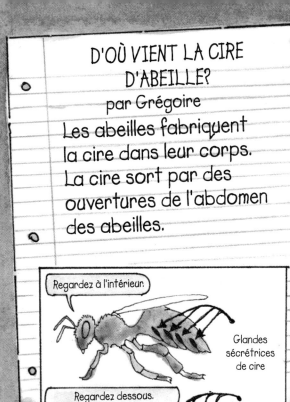

D'OÙ VIENT LA CIRE D'ABEILLE?
par Grégoire

Les abeilles fabriquent la cire dans leur corps. La cire sort par des ouvertures de l'abdomen des abeilles.

Regardez à l'intérieur.

Glandes sécrétrices de cire

Regardez dessous.

Ouvertures pour la cire

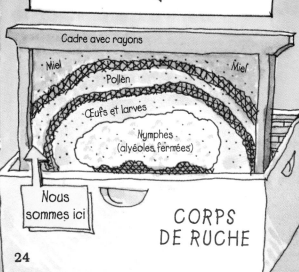

Cadre avec rayons

Miel   Miel

Pollen

Œufs et larves

Nymphes (alvéoles fermées)

Nous sommes ici

CORPS DE RUCHE

L'intérieur de la ruche est couvert de cire d'abeille. Les abeilles l'ont façonnée en rayons, c'est-à-dire des milliers de petits contenants appelés alvéoles. Chaque alvéole est de forme hexagonale et a donc 6 côtés. Les rayons sont tellement parfaits qu'il est difficile de croire qu'ils ont été fabriqués par des abeilles. «Fabriquez des rayons, les enfants!» dit Mme Friselis.

Allez! Fabriquez des hexagones!

Les abeilles passent la majeure partie de leur temps dans les alvéoles.

Les abeilles dansent sur les alvéoles.

Elles marchent et se reposent sur les alvéoles.

Nous faisons de notre mieux, mais nos alvéoles ne sont pas très réussies. Par chance, les abeilles ne remarquent pas notre présence. Elles défont simplement nos alvéoles et les reconstruisent. D'autres abeilles s'affairent à d'autres tâches, comme fabriquer du miel.

COMMENT FABRIQUER UNE ALVÉOLE

par Véronique

L'abeille utilise son dos et ses pattes médianes pour envoyer la cire à ses pattes antérieures.

Ensuite, elle mâche et façonne la cire en alvéoles.

Les abeilles domestiques fabriquent des alvéoles inclinées vers le haut pour que le miel ne s'écoule pas.

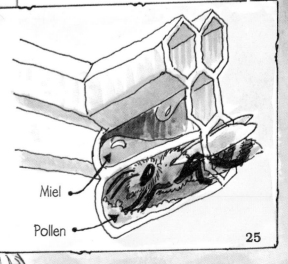

Miel

Pollen

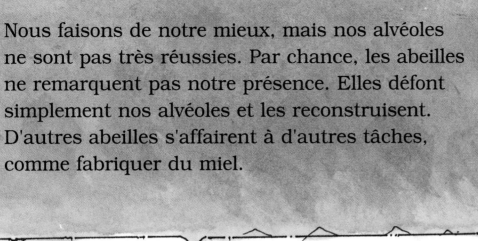

Les abeilles élèvent les petits dans les alvéoles.

Elles entreposent le nectar et le pollen dans les alvéoles.

Elles fabriquent aussi du miel dans les alvéoles.

J'ai hâte d'en manger.

25

Les abeilles transforment leur nectar en miel. Premièrement, elles y ajoutent des substances chimiques produites par des glandes situées dans leur tête. Ces substances transforment les sucres du nectar en sucres du miel. Ensuite, elles expulsent des gouttelettes et les éventent avec leurs ailes. Ainsi, la majeure partie de l'eau s'évapore, laissant un miel épais, collant et très sucré. Nous aussi agitons nos ailes et aidons à fabriquer le miel.

Pendant ce temps...

...venant de l'ouest

LES ABEILLES D'ALBERT

Au travail! Il faut rafraîchir le miel!

J'espère que nous passerons inaperçus.

Du calme, Jérôme. Fais comme chez toi.

Chez moi, les murs ne sont pas en cire.

Nectar (dans l'alvéole)

Glande

Mme Friselis nous permet de manger un peu de miel, si nous en laissons beaucoup pour les abeilles. «Elles ont besoin d'une bonne réserve de miel pour survivre à l'hiver», explique-t-elle.

On se sent à l'aise, dans une ruche.

Et ça goûte bon, dans une ruche.

C'est vraiment un emploi rêvé!

LE MIEL EST BON POUR LA SANTÉ!
par Simone

Le miel est une très bonne source nutritive pour les abeilles, les humains et les autres animaux.
Mais les bébés humains de moins de 1 an ne doivent pas en manger, car ils peuvent y être allergiques.

Tu pourras manger du miel dans quelques mois.

Le miel, c'est plus que du bonbon!

Nous arrêtons de manger du miel et nous apercevons un groupe d'ouvrières tout près. Elles s'occupent d'une abeille plus grande dont le corps est long et mince. C'est la reine abeille! La reine marche d'une alvéole à l'autre et dépose dans chacune un petit œuf blanc.

UNE GRANDE FAMILLE

par Carlos

Comme la reine est la seule femelle qui pond des œufs, toutes les abeilles de la ruche sont ses enfants.

Maman!

Je veux dire... votre majesté.

La reine pond jusqu'à 1 500 œufs par jour.

Aïe! Ça veut dire un œuf toutes les 58 secondes!

C'est merveill-œufs!

LE GRAND LIVRE DES ABEILLES d'Hélène-Marie

Les ouvrières touchent la reine avec leurs antennes, la lèchent avec leur langue et la nourrissent directement de leur bouche à la sienne.

POURQUOI LES OUVRIÈRES TOUCHENT ET LÈCHENT LA REINE
par Kisha

Les ouvrières obtiennent du corps de la reine une phéromone appelée «substance royale».

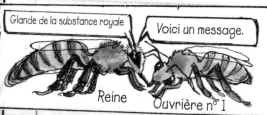

Glande de la substance royale — Voici un message.

Reine — Ouvrière n° 1

Les ouvrières quittent la reine et se promènent dans la ruche. Elles touchent et lèchent d'autres abeilles. Les autres abeilles reçoivent donc elles aussi de la «substance royale».

La reine fait dire bonjour. — Je vois qu'elle va bien.

Ouvrière n° 1 — Ouvrière n° 2

La «substance royale» explique aux abeilles que la reine se porte bien. Ensuite, les ouvrières se mettent à la tâche et tout se déroule sans encombre dans la ruche.

29

COMMENT NOURRIR LES PETITS
par Hélène-Marie

Les abeilles nourrices fabriquent la nourriture des petits grâce à des glandes à l'intérieur de leur tête. Les nourrices expulsent cette nourriture directement dans les alvéoles des larves.

Parfois, les larves nagent dans la nourriture.

Ça doit être délicieux.

Les larves plus vieilles mangent aussi du miel et un mélange de pollen et de miel.

Dans certaines alvéoles, nous voyons des créatures qui ressemblent à des vers. «Ce sont des larves, dit Mme Friselis, des bébés abeilles qui sont sortis des œufs.» Les abeilles nourrices nourrissent les bébés.

On dirait des vers. Ce sont des bébés abeilles?

Elles ne ressemblent pas du tout à des abeilles.

Elles vont devenir des abeilles, Kisha. Il leur faut seulement de la nourriture, de la chaleur et du temps.

Les larves ne font que manger rapidement et grandir rapidement. Chaque fois qu'elles deviennent trop grandes pour leur peau, elles muent : leur peau tombe, découvrant une nouvelle peau. Et elles se remettent à manger et à grandir.

Nourrissez les larves.

Les larves ont de la chance.

C'est un service princier.

LE TRAITEMENT ROYAL

par Philippe

S'il y a trop d'abeilles dans une ruche, les ouvrières devront en construire une nouvelle.
D'abord, elles construisent des alvéoles spéciales, l'ouverture vers le bas, pour les nouvelles reines abeilles.

Reine abeille

Les abeilles nourrices nourrissent les larves femelles ordinaires avec une nourriture spéciale, la «gelée royale». Ensuite, ces larves deviennent des reines

Si une larve femelle reçoit de la gelée royale, elle deviendra une reine.

Si elle n'en reçoit pas, elle devient une ouvrière.

Gelée royale

31

POURQUOI LES LARVES MANGENT-ELLES BEAUCOUP? POUR QUE LA NYMPHE CHANGE BEAUCOUP!

par Jérôme

Les nymphes ne mangent pas. D'où tirent-elles l'énergie pour faire croître les parties d'une abeille adulte?

Elles utilisent le gras et les tissus stockés pendant qu'elles étaient des larves.

UN AUTRE MOT

par Hélène-Marie

Le mot metamorphose vient du latin et du grec et signifie «changement».

«Lorsque la larve est assez grosse, elle cesse de manger, explique Frisette. Elle tisse un cocon autour d'elle. Elle est maintenant devenue une nymphe. L'abeille nourrice met de la cire sur le dessus de l'alvéole. À l'intérieur, la nymphe de mange pas et ne grossit plus. Elle se transforme en abeille adulte. C'est ce qu'on appelle la métamorphose.»

Oui, il y a du changement ici.

Les nymphes ont une tête...

et des yeux, et des antennes...

et des ailes, et des pattes...

... tout ce qu'il faut pour devenir des abeilles!

«Lorsque les nymphes ont atteint le stade adulte, elles grugent leur alvéole pour en sortir, poursuit Mme Friselis.» Nous apercevons de nouvelles ouvrières qui arrivent. Elles laissent l'air les sécher et se mettent immédiatement au travail. Pendant ce temps, nous entendons des bourdonnements excités. Que se passe-t-il?

Allez, grandis!

La métamorphose est maintenant terminée, les enfants.

Les abeilles sont devenues adultes.

Je suis fière d'elles.

DE L'ŒUF À L'ABEILLE

Œuf — Larve — Nymphe — Adulte

LES ABEILLES EN ESSAIM NE PIQUENT GÉNÉRALEMENT PAS

par Pascale

Généralement, les abeilles piquent parce qu'elles doivent protéger la ruche. Les abeilles en essaim ne piquent pas. Un essaim est une colonie d'abeilles qui se déplace entre deux ruches.

Nous cherchons une ruche vide...

... ou un beau tronc creux.

Essaim

Pendant ce temps...

...l'ours trouve la ruche

La reine quitte la ruche, en entraînant près de la moitié des ouvrières! Elles s'envolent dans un épais essaim. Que va-t-il arriver à la ruche?

SORTIE

De nouvelles ruches sont créées de façon naturelle par l'essaimage.

Mais comment la vieille ruche survivra-t-elle sans reine?

Il n'y a plus personne pour pondre les œufs, maintenant.

Ce n'est pas si sûr. Vous vous souvenez des alvéoles de la reine?

Mᵐᵉ Friselis nous amène aux alvéoles de la reine. Deux nouvelles reines en sortent en même temps.

Lorsqu'elles sont sèches, elles se livrent une lutte mortelle. L'une des reines pique l'autre et la tue.

Ensuite, elle tue les autres nymphes de reine dans leurs alvéoles. Elle est maintenant la nouvelle reine.

Deux reines? Je croyais...

qu'il y avait seulement...

une reine par ruche.

Tu as absolument raison.

UNE REINE ABEILLE PEUT PIQUER PLUS D'UNE FOIS

par Jérôme

À la différence des ouvrières, qui ne peuvent piquer qu'une fois, la reine peut retirer son aiguillon de la victime et piquer de nouveau.

La reine la plus forte survit pour transmettre sa force à ses enfants

LES REINES RENCONTRENT DES FAUX BOURDONS

par Catherine

Des milliers de faux bourdons de plusieurs colonies se rassemblent à un endroit.

Lorsque les reines sont prêtes à s'accoupler, elles volent jusqu'à cet endroit.

Généralement, les faux bourdons ne s'accouplent pas avec la reine de leur propre colonie.

Faux bourdons

Nouvelle reine

Les ouvrières font sortir la nouvelle reine de la ruche. Mme Friselis nous explique qu'elle part pour son vol nuptial, lors duquel elle va s'accoupler avec des faux bourdons.

Quand la nouvelle reine s'est accouplée, elle retourne à la ruche et commence à pondre des œufs.

Ses œufs vont éclore et remplaceront les ouvrières qui ont quitté la ruche avec l'ancienne reine.

Ensuite, la ruche sera aussi forte qu'avant.

Peut-être bien que oui, peut-être bien que non...

UN AUTRE MOT D'ABEILLE

par Hélène-Marie

Nuptial vient du latin «nuptiæ», qui veut dire «noce», ou mariage.

Après le départ de la nouvelle reine, nous entendons des pas lourds. C'est un ours, qui veut voler le miel et les larves d'abeilles! Les ouvrières sortent de la ruche et essaient de piquer l'ours, mais son épaisse fourrure protège son corps.
«Il faut les aider!» s'écrie Kisha.

Pendant ce temps...
...l'apiculteur est toujours en route

Si l'ours ouvre la ruche...

et mange tout le miel et les larves...

les abeilles peuvent mourir!

Il faut les aider!

Pique-le!

Je n'y arrive pas!

Au secours!

LES PRÉDATEURS DES RUCHES
par Thomas

Mouffettes

Ours

Guêpes

Abeilles

d'autres ruches

Les abeilles peuvent vaincre la plupart des intrus, mais les ours sont plus difficiles à éloigner.

ATTENTION

Il ne faut jamais s'approcher des ours. Ils peuvent sembler gentils, mais ils sont <u>très</u> dangereux.

Nous volons à l'extérieur et fonçons sur l'ours, mais il ne s'éloigne pas de la ruche. «Soyons astucieux, les enfants, dit Frisette. Nous allons l'éloigner par la ruse!»

Mᵐᵉ Friselis nous fait entrer dans l'autobus, qui est resté transformé en ruche. Le pot de miel qu'elle avait renversé est toujours sur le plancher. L'ours sent le miel et part à notre poursuite. «Mᵐᵉ Friselis! nous écrions-nous. Faites quelque chose!» Elle appuie sur l'accélérateur et l'autobus s'élance.

L'ours va suivre notre miel et s'éloigner de la ruche, les enfants.

Mᵐᵉ Friselis avait renversé ce miel avant que nous soyons changés en abeilles...

et avant que nous devenions un appât pour l'ours.

C'était le bon temps!

Nous tournons un coin sur les chapeaux de roue et le pot de miel roule à l'extérieur de l'autobus par la porte ouverte. Au même moment, il retrouve ses dimensions normales. L'ours commence à manger le miel et nous oublie tout simplement.

Mᵐᵉ Friselis saisit un levier du tableau de bord. À notre soulagement, l'autobus s'envole. Maintenant, il ne ressemble plus à une ruche, mais bien à une abeille! Au-dessous de nous, nous apercevons la reine qui rentre dans la ruche après son vol nuptial.

Nous aussi, nous rentrons chez nous.
Dès que ses six pattes touchent le sol
dans le terrain de stationnement,
l'autobus se transforme de nouveau.

Il est redevenu un vrai autobus scolaire.
Et nous sommes redevenus
des enfants humains.

QUESTIONS ET RÉPONSES FARFELUES

Q. Pourquoi l'abeille se gratte-t-elle?

R. Parce qu'une abeille, ça pique!

Q. Pourquoi cette abeille ne fait que «BZZZ» pendant sa leçon de chant?

R. Parce qu'elle n'a pas appris les paroles.

Q. Miroir, miroir, dis-moi qui est la plus belle?

R. La reine, voyons!

Q. Quelle note les élèves obtiennent-ils pour leur projet sur le miel?

R. Ils ont tous un A, comme dans abeille!

Bulletin

A

De retour dans la classe, nous avons une idée. Le projet idéal pour terminer la journée : fabriquer des brioches au miel, bien sûr!

Au revoir, les abeilles!

J'aimais être une abeille.

Oui, je me sens perdu sans mes antennes.

J'aimais les rayures.

Ce que j'aimais le plus, c'est le miel. Mais les apiculteurs nous en fournissent.

Four magique

Pour Mme Friselis et ses élèves

LES ABEILLES D'ALBERT

MIEL de la ruche d'Albert

MIEL de la ruche d'Albert

44

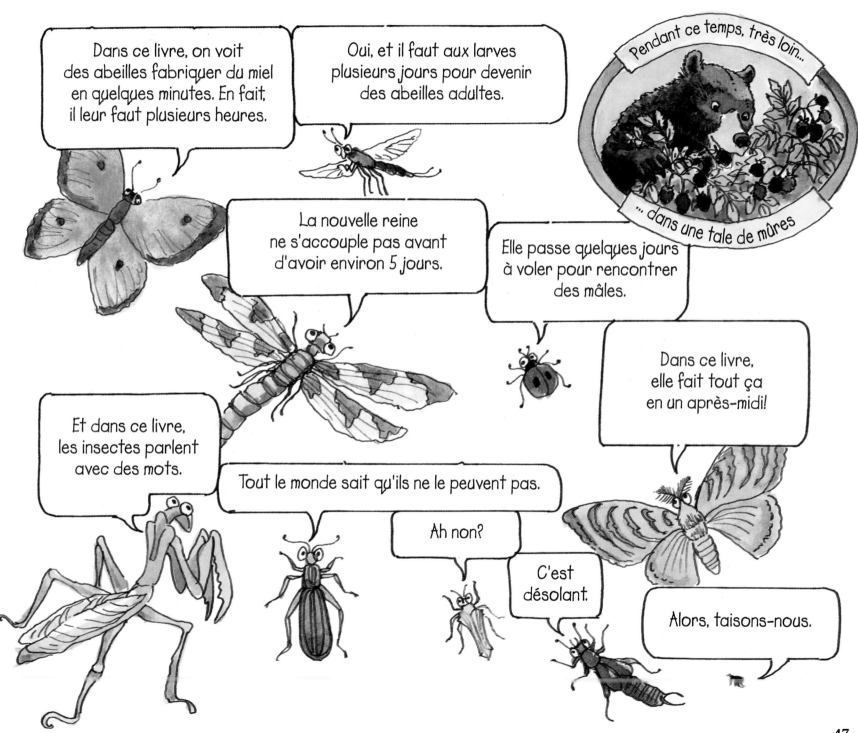

Dans ce livre, on voit des abeilles fabriquer du miel en quelques minutes. En fait, il leur faut plusieurs heures.

Oui, et il faut aux larves plusieurs jours pour devenir des abeilles adultes.

Pendant ce temps, très loin...

... dans une tale de mûres

La nouvelle reine ne s'accouple pas avant d'avoir environ 5 jours.

Elle passe quelques jours à voler pour rencontrer des mâles.

Dans ce livre, elle fait tout ça en un après-midi!

Et dans ce livre, les insectes parlent avec des mots.

Tout le monde sait qu'ils ne le peuvent pas.

Ah non?

C'est désolant.

Alors, taisons-nous.